ISSÉ,

PASTORALE HEROÏQUE

EN MUSIQUE,

REPRESENTÉE

DEVANT SA MAJESTÉ

à Trianon, le 17 de Decembre 1697.

PAR L'ACADEMIE ROYALE

DE MUSIQUE.

Ut Pastor Macareïda luserit Issen. *Ex Met. Lib. 6.*

Comme Apollon en Berger trompa Issé. Liv. 6. des Met.

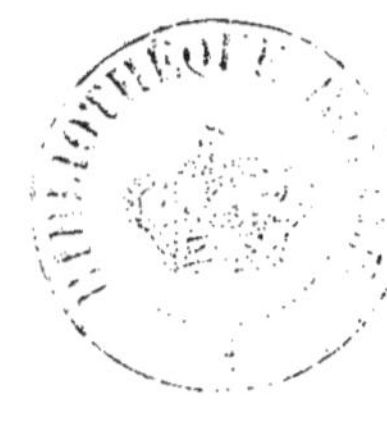

On la vend

A PARIS,

A l'Entrée de la Porte de l'Academie Royalle de Musique au Palais Royal, ruë Saint Honoré.

Imprimé aux dépens de ladite Academie.

Par CHRISTOPHE BALLARD, seul Imprimeur du Roy pour la Musique.

M DC. XCVII.

PAR EXPRE'S COMMANDEMENT DE SA MAJESTE'.

A MONSEIGNEUR
LE DUC DE BOURGOGNE.

Digne Fils de LOUIS, Prince formé des Dieux
Pour illustrer encor le Nom de tes Ayeux;
Toy, qui de mille Exploits, l'honneur d'un nouvel âge,
Fais lire dans tes yeux l'infaillible présage;
Qui d'un Cœur héroïque en naissant revêtu,
T'és proposé d'unir la Gloire & la Vertu;
Souffre que mon genie ose sous tes auspices
D'un Travail, foible encor, consacrer les prémices.
Que ne peut-il bien-tôt, plus ami des beaux Arts,
T'offrir d'autres sujets dignes de tes regards;
Peindre avec des traits d'or ou LOUIS ou ton Pere,
Et pour Toy, jeune Achile, écrire en jeune Homere.

EPISTRE.

Que ne puis-je déja dans des Vers immortels
Conduire ADELAIDE au pied de nos Autels,
Y chanter ton Hymen triomphant de la Guerre,
L'Epoque, & le soûtien du Bonheur de la Terre.
Mais, encor loin d'atteindre à de si hauts sujets,
Il faut à ma foiblesse assortir mes projets.
Permets que m'élevant de matiere en matiére,
Je m'instruise à fournir une noble carriére;
Avant que de te suivre au milieu des dangers,
Souffre que m'occupant à chanter des Bergers
Par degrez jusqu'à Toy je conduise mon stile.
Tel jadis, Tu le sçais, le celébre Virgile
Avant que de chanter Enée & ses exploits,
Fit sur des chalumeaux l'épreuve de sa voix.
Heureux! si dans l'espoir d'un plus parfait Ouvrage,
Tu daignois à ma Muse avancer ton suffrage;
Peut-être qu'animé par ce succés flatteur
Je hâterois de l'Art l'ordinaire lenteur,
Mon genie élevé par l'ardeur qui le guide
En prendroit chaque jour un essor plus rapide,
Et peut-être mes Vers chez nos derniers neveux
A l'aide de ton Nom rendroient le mien fameux

CE Prologue est une allegorie dont il est aisé de découvrir les rapports. Le Jardin des Hesperides represente l'Abondance; le Dragon qui en défend l'entrée y signifie la Guerre, qui suspendant le Commerce, ferme aux Peuples qu'elle divise la voye de l'Abondance; & enfin Hercule, qui par la défaite du Dragon, rend ce Jardin accessible à tout le Monde, est l'Image éxacte du Roy, qui n'a vaincu tant de fois que pour pouvoir terminer la Guerre, & rendre à ses Peuples & à ses Voisins l'abondance qu'ils souhaitoient.

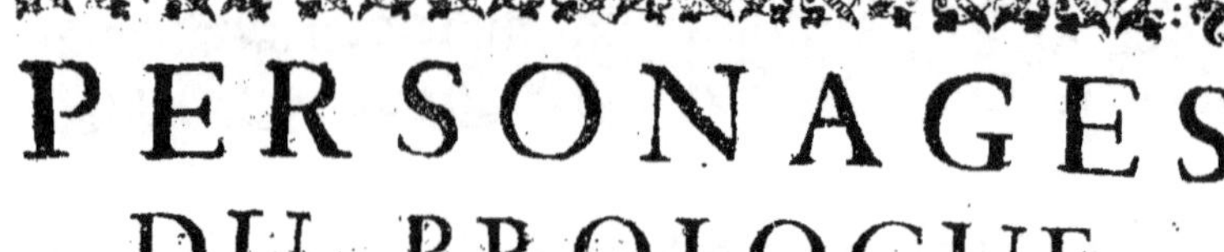

PERSONAGES DU PROLOGUE.

La premiere HESPERIDE. Mademoiselle Desmatins.

CHOEUR & TROUPE D'HESPERIDES.

HERCULE. Mr Hardoüin

JUPITER. Mr Thevenard.

Troupe de Peuples.

UNE FEMME de la Troupe des Peuples. Mademoiselle de Caux.

Noms des Acteurs & Actrices chantantes dans les Chœurs.

MESSIEURS

Jolain, Gaudechaut, Prunier, Desvoyes, Frere, Le Roy, Prevost Cadot, Buhot, Renard, Pilon, Mantienne, Brunet, Janson, Fournier, Sidrac, Poussin, La Coste, Le Jeune, Paris, Labbé, De Sonneville, Bertin, Laferriere & Dupré, Pages.

MESDEMOISELLES.

Cenet, Guyar, Desmatins la cadette, Bonnival, Longuefosse, Basset, Prevost, Clement, Barbier, Cauchois.

PROLOGUE.

Le Théatre represente le Jardin des Hesperides; les Arbres sont chargez de fruits d'or, & l'on découvre dans le fonds l'entrée de ce Jardin défenduë par un Dragon qui vomit incessamment des flâmes.

SCENE PREMIE'RE.

LES HESPERIDES.

La premiere HESPERIDE.

Nous joüissons icy d'une douceur profonde,
L'abondance en ces lieux regne de toutes parts;
Nos Bois & nos Vergers offrent à nos regards
Les seuls biens qu'adore le Monde.

Leurs Fruits sont enviez du reste des Humains;
Mais nous ne craignons rien du desir qui les presse;
Et ce Dragon veille sans cesse
Pour sauver nos Tresors de leurs prophanes mains.

Que de nos plus doux chants ces Jardins retentissent;
Celébrons l'heureux sort qui comble nos desirs.
Pour goûter de nouveaux plaisirs
Chantons ceux dont nos cœurs joüissent.

Le Chœur des Hesperides repete ces quatre Vers.

TROUPE D'HESPERIDES.

Mademoiselle De Subligny, seule.
Mesdemoiselles Caré, du Fort, Freville, Lemaire.

La premiére HESPERIDE.

De ce sejour
Nous chassons l'Amour;
Nôtre Paix est certaine,
De ce sejour
Nous chassons l'Amour,
On n'y craint point sa chaîne;
Les Jeux viennent tous
S'y r'assembler pour nous,
Nous y goûtons un sort plein d'appas.
Il n'est point de peine
Où l'Amour n'est pas.

SCENE DEUXIE'ME.

HERCULE, LES HESPERIDES.

Un bruit de Guerre interrompt les Jeux des Hesperides, & l'on découvre Hercule qui approche du Monstre.

La premiere HESPERIDE

Quels sons! quel bruit soudain! Ciel! quel audacieux
Vient chercher la mort en ces lieux?

Hercule combat le Monstre.

Monstre servez nôtre colere;
Tombe nôtre ennemy sous vos coups redoublez;
Et consumez ce mortel téméraire
Par les feux que vous exhalez.

LE CHOEUR DES HESPERIDES.

Dieux! quel malheur! le Monstre perd la vie
Nôtre ennemy triomphe évitons sa furie.

HERCULE.

Craignez-vous que mon bras vienne vous asservir,
Et faire de vos fruits un injuste pillage?
Non, je ne viens point les ravir,
Mais je veux que le monde avec vous les partage.

Aprés avoir signalé tant de fois
Et ma Justice & ma Puissance,
Je ne pouvois pas mieux couronner mes Exploits
Qu'en donnant aux Mortels la Paix & l'abondance.

Mais quel éclat frape nos yeux?
C'est Jupiter qui descend en ces lieux.

SCENE TROISIE'ME.

JUPITER, HERCULE, LES HESPERIDES.

JUPITER.

QUe ton bras se repose ainsi que mon Tonnerre,
Mon Fils termine tes travaux.
Joüis toy-même du repos,
Que ta valeur donne à la Terre.

Vous Peuples accourez dans ces lieux pleins d'attraits
Venez, venez ceüillir les doux fruits de la Paix.

SCENE QUATRIE'ME.

JUPITER, HERCULE, LES HESPERIDES.

TROUPE DE PEUPLES.

Mr Labbé, seul.

Mrs Bouteville, Germain, Pistot, Droüen, Ferand, Blondy, Dumoulin.

CHOEUR DE PEUPLES.

ACcourons, accourons dans ces lieux pleins d'attraits.
Allons, allons ceüillir les doux fruits de la Paix.

UNE FEMME de la Troupe des Peuples.

Dans ces beaux lieux tout suit nôtre esperance,
Et l'abondance.
Y fait briller ses plus charmans attraits;
Nous avons tous soufferts de son absence;
Mais un Héros la rend à nos souhaits.
Ah! quelle gloire!
Quelle victoire!
La Paix la suit,
Cent biens en sont le fruit,

LE CHOEUR.

Charmans Haut-bois, douces Musettes,
Celébrez le repos qu'on rend à nos desirs.
Battez Tambours, sonnez Trompettes,
N'anoncez plus la Guerre, anoncez les plaisirs.

JUPITER à HERCULE.

Alcide, ce grand jour marqué par ta victoire
Assure à l'Univers le sort le plus charmant.
Plus d'un heureux avénement
En doit à l'avenir consacrer la mémoire.
Quand par un effort genereux
Ton bras vient aux mortels rẽdre une Paix profonde,
L'Himenée & l'Amour joignẽt des plus beaux nœuds
Deux cœurs formez pour le bonheur du monde:
De cette auguste Fête Apollon prend le soin;
Viens, avec tous les Dieux, en être le Témoin.

FIN DU PROLOGUE.

ACTEURS DE LA PIECE.

APOLLON, *déguisé en Berger, sous le nom de Philemon.* Mr Dumesny.

PAN, *déguisé en Berger, confident d'Apollon.* Mr Dun.

HILAS, *Berger.* Mr Thevenard.

Suite d'Hilas, représentant des Plaisirs.

UNE FEMME *chantante, de la suite des Plaisirs.* Mademoiselle Guyar.

ISSE', *Nymphe, fille de Macarée.* Mademoiselle Rochois, ou Desmatins.

DORIS, *sœur d'Issé.* Mademoiselle Moreau.

Troupe de Bergers, de Bergeres, de Pastres, & de Païsannes.

UN BERGER *chantant.* Mr Boutelou.

Le Premier Ministre *de la Forest de Dodone.* Mr Hardoüin.

Troupe de Ministres.

Troupe de Faunes, de Driades, de Silvains, & de Satyres.

UN SILVAIN *chantant.* Mr Choplet.

LE SOMMEIL. Mr Choplet.

Troupe de Zéphirs.

Troupes d'Européens & d'Européennes

UN EUROPE'EN *chantant.* Mr Choplet.

Troupes d'Ameriquains & d'Ameriquaines.

UN AMERIQUAIN *chantant.* Mr Sidracq.

Troupe de Chinois & de Chinoises.

Troupes d'Egyptiens & d'Egyptiennes.

UNE EGYPTIENNE *chantante.* Mademoiselle Guyar.

ISSÉ,

PASTORALE HEROIQUE.

ACTE PREMIER.

SCENE PREMIÈRE.

Le Théatre represente un Boccage, dont la vûë est terminée par la Forêt de Dodone.

APOLLON.

Quand on a souffert une fois
L'amoureux esclavage,
Ah! devroit-on s'exposer davantage
A gémir sous les mêmes Loix?

La cruelle Daphné dédaigna ma tendresse ;
De mes ardens soûpirs, de mes soins empressez
Mon cœur ne recueillit qu'une affreuse tristesse.
Faut-il aimer encor, & n'est-ce pas assez
D'une malheureuse foiblesse ?
Quand on a souffert une fois
L'amoureux esclavage,
Ah! devroit-on s'exposer davantage
A gémir sous les mêmes Loix ?

SCENE DEUXIE'ME.

APOLLON, PAN.

PAN.

A *Qui vous plaignez-vous de vos nouvelles chaînes ?*

APOLLON.

Pan, tu vois les témoins de mes tendres tourmens.

Les Prez, les Bois, & les Fontaines
Sont les favoris des Amans ;
On passe icy d'heureux momens,
Même en s'y plaignant de ses peines.
Les Prez, les Bois & les Fontaines
Sont les Favoris des Amans.

PAN.

Ne seront-ils témoins que de vôtre martyre?
Entendront-ils toûjours vos languissans regrets?
Apollon n'aura-t-il jamais
De plus doux secrets à leur dire?

APOLLON.

J'espere d'être plus heureux;
Mon malheur n'est pas invincible.
Les yeux charmans d'Issé m'ont demandé mes vœux.
Ah! ne seray-je pas le plus content des Dieux,
Si son cœur sensible
Est d'accord avec ses yeux?

PAN.

Sans déguiser vôtre rang adorable
Faites donc de vos feux un éclatant aveu;
Ne passez point pour Berger dans ce lieu,
C'est risquer d'être miserable;
Telle fuit un Berger aimable
Qui préviendroit les vœux d'un Dieu.

APOLLON.

Je veux, sans le secours de ma grandeur suprême,
Essayer de plaire en ce jour:
Qu'il est doux d'avoir ce qu'on aime
Par les seules mains de l'Amour!

ISSE',

Mais je voy la Nymphe paroître.
Il faut contraindre encor mes tendres mouvemens.
Cachons-nous à ses yeux, & tâchons de connoître
Quels sont ses secrets sentimens.

SCENE TROISIE'ME.

ISSE'.

HEureuse Paix, tranquille indifference,
Faut-il que pour jamais vous sortiez de mon cœur.
Je sens que ma fierté me laisse sans défense ;
Rien ne peut me sauver d'un trop charmant Vainqueur ;
L'Amour, le tendre Amour force ma resistance.
Heureuse Paix, tranquille indifference,
Faut-il que pour jamais vous sortiez de mon cœur.
Je force encor mes regards au silence ;
Je cache à tous les yeux ma nouvelle langueur ;
Mais que sert cette violence ?
L'Amour en a plus de rigueur,
Et n'en a pas moins de puissance.
Heureuse Paix, tranquille indifference,
Faut-il que pour jamais vous sortiez de mon cœur.

SCENE QUATRIE'ME.

ISSE', DORIS.

J'Aime à vous voir en ce lieu solitaire ;
Il offre mille attraits à des cœurs amoureux ;
Vous y venez rêver ; c'est un présage heureux,
Qu'enfin Hilas a sçû vous plaire ;

Vôtre cœur dés longtems se devoit à ses feux.
On n'a jamais brûlé d'une ardeur plus fidelle ;
Bien-tôt, par d'agréables jeux
Il vous en donne encor une preuve nouvelle.

ISSE'.

Hélas !

DORIS.

Avant cet heureux jour
Vôtre insensible cœur ignoroit ce langage,
Et ce soûpir est le premier hommage
Que je vous voy rendre à l'Amour.

ISSE'.

Que ne puis-je encor fuir son funeste esclavage !

Mes jours couloient dans les plaisirs,
Je goûtois à la fois la Paix & l'Innocence,
Et mon cœur satisfait de son indifference,
Vivoit sans crainte & sans desirs :
Mais depuis que l'Amour l'a rendu trop sensible
les plaisirs l'ont abandonné.
Quel changement ! ô Ciel, est-il possible ?
Non, ce n'est plus ce cœur si content, si paisible ;
C'est un cœur tout nouveau que l'Amour m'a donné.

DORIS.

Se peut-il que vôtre cœur tremble
Quand il ne tient qu'à luy d'être heureux dés ce jour ?
Il faut qu'avec Hilas un beau nœud vous assemble ;
L'Hymen pour vous unir n'attendoit que l'Amour.

Quand un doux penchant vous entraîne
Pourquoy combatre vos desirs ?
Est il une plus rude peine
Que de r sister aux plaisirs ?

On entend une Symphonie.

ISSE'.

Mais qu'annoncent ces sons ? quel spectacle s'apprête ?

DORIS.

Pourquoy feindre de l'ignorer ?
Ces Concerts sont pour vous ; c'est la nouvelle Fête
Qu'Hilas vous a fait préparer.

SCENE CINQUIE'ME.

ISSE'. DORIS, HILAS.

Suite d'Hilas représentant des Plaisirs.

SIX PLAISIRS.

Mrs Germain, Bonteville, Balon, Pistos, Labbé, Droüet.

HILAS.

Nymphe, jugez icy de ma flâme fidelle,
Souffrez que par d'aimables jeux
Mon hommage se renouvelle ;
Et n'opposez point à mes feux
Une indifference éternelle.

Aimez, aimez, ne soyez plus rebelle
A de tendres desirs,
Suivez l'Amour qui vous appelle
Par la voix des Plaisirs.

Le Chœur repete ces quatre Vers.

UN PLAISIR.

Venez tous en ce Boccage
Il n'est point de plus beau séjour.
Mille Oiseaux sous ce feüillage
Se répondent tour à tour.
Leur chant, le zéphire & l'ombrage,
Tout y plaît, tout y sert l'Amour.

SECOND COUPLET.

Pour couler ſur ces fleurettes
Les ruiſſeaux prolongent leur cours ;
Ah! qu'il n'aiſt d'erreurs ſecrettes
Dans ces aimables détours!
Amants, ce n'eſt qu'en ces retraites
Que les ris ſuivent les amours.

HILAS.

Sans ſuccés, belle Iſſé, quitteray-je ces lieux?
Pouvez-vous plus longtems reſiſter à ma flâme?
Quoy! l'Amour a-t'il mis tous ſes traits dans vos yeux,
N'en a-t-il point gardé pour ſoumettre vôtre ame?
Vous ne répondez rien, hélas! quelle rigueur!
Il ſemble qu'avec ma langueur
Vôtre injuſte fierté s'augmente.
Ne verray-je jamais la fin de mon malheur,
Rendrez-vous chaque jour ma chaîne plus peſante?
Mais c'eſt trop vous laſſer d'une vaine douleur ;
Je vous laiſſe, Nymphe charmante,
Songez du moins que vôtre cœur
Ne peut être le prix d'une ardeur plus conſtante.

SCENE SIXIE'ME.

ISSE', DORIS.

DORIS.

Vous ne pouvez choisir un plus tendre Vainqueur.

ISSE'.

Le nom de Vainqueur m'épouvante.

Amour, laisse mon cœur en paix,
Mille autres se feront un plaisir de se rendre.
Ne te plais-tu Cruel, à blesser de tes traits
Que ceux qui veulent s'en défendre?
Mille autres se feront un plaisir de se rendre.
Amour, laisse mon cœur en paix.

DORIS.

Je voy Philemon qui s'avance,
Cet aimable Etranger cherche par tout vos yeux;
Sans doute c'est l'Amour qui l'ameine en ces lieux

ISSE'.

Il faut éviter sa presence.

SCENE SEPTIE'ME.

ISSE', DORIS, APOLLON, PAN.

APOLLON.

BElle Nymphe, arrêtez, d'où vient cette rigueur?
Quelle injuste fierté vous guide?
Hélas! par vos mépris n'abbatez point un cœur
Qui n'est déja que trop timide.

ISSE'.

Dequoy vous plaignéz-vous, & pourquoy m'arrêter?
Berger, qu'avez-vous à me dire?

APOLLON

Hélas! en pouvez-vous douter?
Vous entendez que je soûpire.

A de si doux appas je n'ay pû resister.

ISSE'.

Que dites-vous, & que viens-je d'entendre?

APOLLON.

Mon cœur brûle pour vous de l'amour le plus tendre;

Mais qu'il va me coûter de tourmens rigoureux;
Quel ſuccés en puis-je prétendre?
Du trop heureux Hilas vous partagez les feux.
Je ſuis venu trop tard, & mes funeſtes vœux
Ne rencontrent qu'un cœur qui n'eſt plus à ſe rendre.

ISSE'.

Quand j'aimerois Hilas, devrois-je le cacher?
Ses reſpects, ſes feux, ſa conſtance
N'ont que trop merité cette reconnoiſſance.
Ce n'eſt point une ardeur qu'on pût me reprocher.

APOLLON.

Vous l'aimez donc. O Ciel! quel rigoureux ſupplice;
En quels maux cet aveu vient-il de me jetter.
Vous l'aimez, c'en eſt fait, il faut que je periſſe;
Mes jours ne tenoient plus qu'au plaiſir d'en douter.

ISSE'.

Que vois-je! à quel erreur vous laiſſez-vous ſéduire?
Non, non, vous n'avez point de rivaux ſatisfaits.
Je n'aime point Hilas, c'eſt en vain qu'il ſoûpire;
Non, je ne l'aimeray jamais.
Ah! que ne puis-je auſſi-bien me défendre
D'un trait plus doux dont je me ſens fraper;
Mais que dis-je! je crains de vous en trop apprendre,
Mon funeſte ſecret eſt prêt à m'échaper.

APOLLON.

Achevez, belle Iſſé, rendez-vous à mes larmes;

Bannissez d'un seul mot mes cruelles allarmes.
Pour qui sont ces tendres soupirs?
Ah! ne suspendez plus mes maux ou mes plaisirs.

ISSE'.

Cessez, cessez une ardeur si pressante,
Je ne veux plus vous écouter.

APOLLON.

Arrêtez, Nymphe trop charmante.

ISSE'.

Non, laissez-moy vous éviter.

APOLLON.

Vous me fuyez & je vous aime!

ISSE'.

Je fuis l'Amour quand je vous fuis.

APOLLON.

Dissipez le trouble où je suis.

ISSE'.

N'augmentez pas celuy qui m'agite moy-même.

APOLLON.

Rendez-vous, à mes feux.

ISSE'.

Ne tentez plus mon cœur.

APOLLON.

Pourquoy craindre d'aimer?

ISSE'.

On doit craindre un Vainqueur.

APOLLON & PAN.

Non, non, cédez-luy la victoire:
Vous ne gémirez point d'un Triomphe fatal.
L'Amour aux tendres cœurs fait un partage égal,
Et du plaisir & de la gloire.

APOLLON.

L'Amour aura pour vous mille nouveaux appas.

ISSE'.

Non, je veux à jamais éviter sa puissance.
Mais il me livre icy de trop rudes combats;
Je vais loin de vôtre presence
R'animer contre luy ma foible resistance.
Et vous, si vous m'aimez, ne suivez point mes pas.

APOLLON.

L'Amour s'offenseroit de mon obéïssance.

DORIS.

Trop malheureux Hilas, quel prix de ta constance!

SCENE HUITIE'ME.

PAN, DORIS.

PAN.

NE songez point à m'éviter,
Doris, que leur amour fasse naître le nôtre.
Si vous voulez les imiter,
Mon cœur est prêt, & n'attend que le vôtre.

DORIS.

Les Bergers offrent leur cœur
A la premiere Bergere;
Ce n'est pas pour eux une affaire
De risquer un peu d'ardeur;
Mais pour nous le choix d'un Vainqueur
Est plus dangereux à faire.

PAN.

Avant de nous mieux engager
Essayez si mon cœur accomode le vôtre,
S'ils ne sont pas faits l'un pour l'autre,
Il est bien aisé de changer.

DORIS.

Vous parlez déja d'inconstance,
C'est le moyen de m'allarmer.

PAN.

Par ma sincérité je veux me faire aimer,
Et je parle comme je pense.

Je ne réponds jamais aux Belles
De la constance de ma foy;
Mais ceux qui promettroient des ardeurs éternelles
Seroient moins sincéres que moy,
Et ne seroient pas plus fidéles.

DORIS.

L'Amour n'est point charmant pour de foibles desirs;
Vous ignorez le poids de ses plus douces chaînes.

PAN.

Je me prive des grands plaisirs
Pour m'exemter des grandes peines.

PAN & DORIS.

PAN. *Il faut traiter l'Amour de jeu;*
Autrement il est trop à craindre.
Je ne veux point brûler d'un feu
Qu'il soit difficile d'éteindre.

DORIS. *Pourquoy traiter l'Amour de jeu?*
Quels tourments ses nœuds font ils craindre?

On ne doit point brûler d'un feu
Qu'il soit trop facile d'éteindre.

PAN.

O! vous qu'on entend chaque jour
Celébrer en ces lieux quelque nouvelle Amour,
Habitans fortunez de ces charmans Boccages,
Venez prendre part à mon choix,
Et que Doris apprenne par vos voix
Qu'il n'est d'heureux Amans que les Amans volages.

SCENE NEUVIE'ME.

PAN, DORIS.

Troupes de Bergers, de Bergeres, de Pastres & de Païsannes.

Bergers. Messieurs Piftot, Morel, Guyot.
Bergeres. Mesdemoiselles Subligny, Decaux, Desmatins.
Pastres. Messieurs Dumoulin, Ferrand, Blondy.
Païsannes. Mesdemoiselles Carré, Freville, & Ruelle.

LE CHOEUR.

Sortons, sortons de nos Boccages,
Celébrons de l'Amour les plus aimables Loix;
Et qu'on apprenne par nos voix
Qu'il n'est d'heureux Amans que les Amans volages.

UNE

UNE BERGERE.

Formons les plus doux nœuds,
Aimons ſans peine,
Formons les plus doux nœuds,
Vivons heureux.
Qui ſouffre trop d'une inhumaine
Doit auſſi-tôt changer;
C'eſt en briſant ſa chaîne
Qu'il faut s'en vanger.

Formons les plus doux nœuds,
Aimons ſans peine,
Formons les plus doux nœuds,
Vivons heureux.

Vous, jeunes cœurs, qu'Amour entraîne,
Fuyez les pleurs.
Les ſoins & les langueurs,
Allez où le plaiſir vous meine.

Formons les plus doux nœuds,
Aimons ſans peine,
Formons les plus doux nœuds,
Vivons heureux.

FIN DU PREMIER ACTE.

ACTE SECOND.

Le Théatre repréſente un endroit de la Foreſt de Dodone, où les Arbres forment une eſpéce de Temple.

SCENE PREMIE'RE.

APOLLON. PAN.

APOLLON.

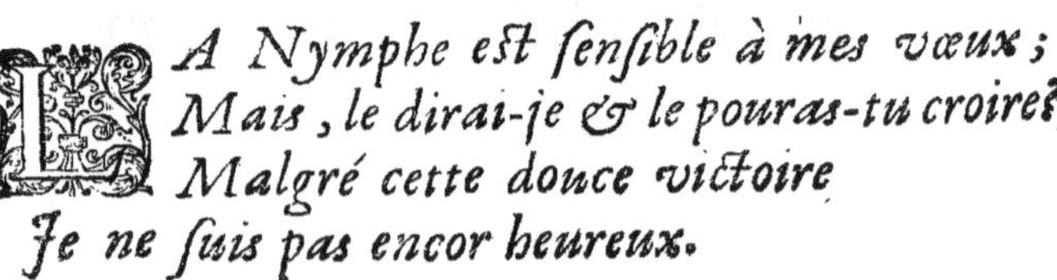

LA Nymphe eſt ſenſible à mes vœux ;
Mais, le dirai-je & le pouras-tu croire?
Malgré cette douce victoire
Je ne ſuis pas encor heureux.

PAN.

Quoy, vous avez fléchi l'Objet qui sçait vous plaire,
Et vous osez former d'autres vœux en ce jour !
Pensez-vous donc que l'Amour
N'ait que vous à satisfaire ?

APOLLON.

Je ne borne point mes desirs
A l'imparfait bonheur d'une flâme vulgaire ;
Achéve, achéve Amour de combler mes plaisirs ;
Tu sçais ce qui te reste à faire.

Et toy, Pan, regarde ces lieux,
Ils doivent dissiper le trouble qui t'étonne,

PAN.

Je voy la fameuse Dodone
Dont les Chênes mysterieux
Annoncent aux Mortels la volonté des Dieux.
Quel fruit en pouvez-vous attendre ?

APOLLON.

Issé les consulte en ce jour ;
Et par l'Oracle qu'ils vont rendre
Je sçauray si son cœur merite mon amour.
Mais j'apperçois Hilas.

PAN.

Il vient icy se plaindre.
Laissons un libre cours à ses justes douleurs,
C'est assez de causer ses pleurs
Sans vouloir encor les contraindre.

SCENE DEUXIEME.

HILAS.

Sombres Deserts, témoins de mes tristes regrets,
Rien ne manque plus à ma peine.
Mes cris ont mille fois appris à ces Forests
La froideur de mon inhumaine:
Hélas! que n'est-ce encor le sujet qui m'ameine:
L'Ingrate de l'Amour ressent enfin les traits;
Un perfide penchant l'entraîne,
Sombres Deserts, témoins de mes tristes regrets,
Rien ne manque plus à ma peine.

Dieux! qui l'ameine icy! les Amours sont ses guides;
J'en sens croître mon desespoir.
Je porte sur ses yeux mille regards timides;
Ils ont encor sur moy leur rigoureux pouvoir;
Et tout traîtres qu'ils sont, tout ingrats, tout perfides,
Je me plais encore à les voir.

SCENE TROISIE'ME.

HILAS, ISSE', DORIS.

HILAS.

Cruelle, vous souffrez icy de ma presence ;
De mes tendres regards vous détournez vos yeux.

ISSE'.

Je ne m'attendois pas de vous voir en ces lieux.

HILAS.

On évite toûjours un Amant qu'on offense.

ISSE'.

Je viens icy pour consulter les Dieux,
Ne vous opposez point à mon impatience.

HILAS.

Inhumaine arrêtez, que craignez-vous? hélas!
Mes soûpirs & mes pleurs sont toute ma vangeance.

ISSE'.

Oubliez une Ingrate & ne la pleurez pas.

HILAS.

Qui vous forçoit de l'être à ma perseverence

ISSE'.

Accusez-en l'Amour qui m'a fait violence.

HILAS.

Non, Cruelle, c'est vous qui voulez mon trépas,
C'est vôtre foible resistance.
Vous bravez la raisòn qui prenoit ma défense.

ISSE'.

Quand on suit l'amoureuse Loy
Est-ce par raison qu'on aime?
Vous m'aimez malgré vous-même,
J'en aime un autre malgré moy.
Quand on suit l'amoureuse Loy
Est-ce par raison qu'on aime?

HILAS.

C'en est donc fait Ingrate? ô sort infortuné!
A quels affreux malheurs me vois-je condamné!
Dieux cruels, Dieux impitoyables,
Que ne refusez vous le jour
A tous ceux que l'Amour
Doit rendre miserables.

ISSE'.

Dans quel cruel chagrin vous laissez-vous plonger?

HILAS.

La pitié que vous voulez feindre
Ne sert encor qu'à m'outrager,
C'est une cruauté de plaindre
Des maux que l'on peut soulager.

ISSE'.

Je vois avec douleur le tourment qui vous presse ;
Un autre sentiment n'est pas en mon pouvoir.

HILAS.

Ne me plaignez donc point, vôtre pitié me blesse;
C'est un mépris pour moy, puisqu'elle est sans tendresse.

ISSE'.

Je vais vous épargner le chagrin de la voir.

HILAS.

Non, non, Ingrate que vous êtes,
Vous n'échaperez point à mes justes regrets.
Ne croyez pas que je vous laisse en paix
Joüir des maux que vous me faites.
J'auray du moins, malgré vos mépris odieux.
Le funeste plaisir de m'en plaindre à vos yeux.

Il suit Issé qui va avertir les Ministres.

SCENE QUATRIEME.

PAN, DORIS.

PAN.

DOris, je vous cherche en tous lieux,
Sans cesse mon amour accroît sa violence.
Mon cœur trop épris de vos yeux
N'est content qu'en vôtre presence.

DORIS.

Il sembleroit en ce moment
Que vôtre amour seroit extrême.
Il s'est augmenté promptement,
Mais il s'affoiblira de même.

PAN.

Ah! pourquoy prenez-vous cet injuste détour?
Faut-il dans l'avenir me chercher une offense?
Ingrate, en voyant mon amour,
Pourquoy prevoir mon inconstance?

DORIS.

Non, je ne veux jamais répondre à vos desirs,
Mon cœur craint trop de faire un Infidéle.
La peine qui suit les plaisirs
N'en est que plus cruelle.

PAN.

PAN.

Vous vous consoleriez dans une amo[illegible] nouvelle
De la perte de mes soupirs.

Le moment qui nous engage
Est un agréable moment ;
Mais celuy qui nous dégage
Ne laisse pas d'être charmant.

Croyez-moy, bannissez une crainte inquiéte,
Doris, laissez-moy vivre heureux sous vôtre loy.

DORIS.

Voulez-vous que j'accepte une volage foy,
Moy, qui brûlay toûjours d'une flâme parfaite?

PAN.

Eh-bien, vous ferez avec moy
L'essay d'une douce amourette.

L'amour n'aura pour nous que de charmans appas,
Nous briserons nos fers quand nous en serons las.

DORIS.

Eh-bien, à vôtre amour je ne suis plus rebelle,
Et je consens enfin à m'engager.
Voyons dans nôtre ardeur nouvelle,
Si vous m'apprendrez a changer,
Ou si je vous rendray fidéle.

PAN & DORIS.

Cédons à nos tendres desirs,
Qu'un heureux penchant nous entraîne;
Et que l'Amour laisse aux Plaisirs
Le soin de serrer nôtre chaîne.

PAN.

Mais on vient en ces lieux; suspendons nos soupirs.

SCENE CINQUIÉME.

ISSE', PAN, DORIS, LES MINISTRES.

LE PREMIER MINISTRE.

MInistres reverez de ces lieux solitaires,
Vous, qu'une sainte ardeur retient en ce séjour,
Commencez avec moy nos augustes Mystéres,
Qu'Issé sçache le sort que luy garde l'Amour.

LES MINISTRES.

Commençons nos Mystéres;
Qu'Issé sçache le sort que luy garde l'Amour,

LE Ier MINISTRE.

Arbres sacrez, Rameaux mystérieux,
Troncs celébres, par qui l'avenir se revéle,
Temple, que la Nature éléve jusqu'aux Cieux,
A qui le Printems donne une beauté nouvelle;

Chênes divins, parlez tous,
Dodone, répondez nous.

LES MINISTRES.

Chênes divins, parlez tous,
Dodone, répondez nous.

LE Ier MINISTRE.

Mais déja chaque branche agite sa verdure,
Les chênes semblent s'ébranler :
Chaque feüille murmure,
L'Oracle va parler.

L'ORACLE.

Issé doit s'enflâmer de l'ardeur la plus belle.
Apollon veut être aimé d'elle.

ISSE' à part.

O Ciel! quel Oracle pour moy,
Que d'affreux malheurs je prévoy!

LE Ier MINISTRE.

Driades & Silvains venez luy rendre hommage;
Honorez Apollon dans l'Objet qui l'engage.

SCENE SIXIE'ME.

ISSE', PAN, DORIS, LES MINISTRES.

Troupes de Faunes. de Satyres & de Driades.

Monſieur Ballon, ſeul.

Faunes. Meſſieurs Peccour, Leſtang, Bouteville.
Satyres. Ferrand, Blondy, Morel, Guyot.
Petits Satyres. Du Fort, Deſairs, Burau, Pigeon.
Driades. Meſdemoiſelles, Du Fort, De Caux, Freville, Ruelle.

LE CHOEUR.

Chantons, chantons Iſſé, chantons ſes traits vainqueurs;
Celébrons ſes beaux yeux, maîtres de tous les cœurs.

Les Silvains & les Driades témoignent leur joye par des Dances & des Chanſons.

UN SILVAIN.

Icy les tendres Oiſeaux
Goûtent cent douceurs ſecrettes,
Et l'on entend les côteaux
Retentir des chanſonnettes.
Qu'ils apprennent aux Echos.

Sur ce Gazon les Ruisseaux
Murmurent leurs amourettes ;
Et l'on voit jusqu'aux Ormeaux
Pour carresser les Fleurettes,
Courber leurs jeunes rameaux.

LE CHOEUR.

Chantons, chantons, Issé, chantons ses traits vainqueurs,
Celébrons ses beaux yeux maîtres de tous les cœurs.

FIN DU SECOND ACTE.

ACTE III.

Le Théatre représente une Solitude où l'on découvre parmi les Rochers plusieurs chûtes d'Eau.

SCENE PREMIE'RE.

ISSE'.

Funeste Amour, ô tendresse inhumaine :
Pourquoy vous inspirois-je au cœur d'un Dieu jaloux ?
J'aurois mieux aimé son courroux,
Je craignois cent fois moins sa haîne.
Quel destin pour moy, quelle peine !

On entend une espéce d'Echo qui luy répond.

Qu'entends-je ? quelle voix se mêle à mes sanglots ?
Qui me répond icy ? seroient-ce les Echos ?

Hélas ! ne cessez point de partager ma plainte ;
Plaignez l'état où je me vois ;
Soûpirez des tourments dont je me sens atteinte ;
Et gémissez du sort qui s'oppose à mon choix.

Vainement, Apollon, vôtre grandeur suprême
Fera luire à mes yeux ce qu'elle a de plus doux ;
Je ne changeray pas pour vous
Le fidéle Berger que j'aime.

Mais quel Concert harmonieux
Vient troubler le silence & la paix de ces lieux ?

SCENE DEUXIE'ME.

ISSE'.

LE SOMMEIL qui conduit une Troupe de Zéphirs.

Zéphirs. Messieurs Bouteville, Germain, Labbé, Droüen, Morel, Guyot.

LE CHOEUR.

Belle Issé, suspendez vos plaintes ;
Goûtez les charmes du repos.
Le Sommeil pour calmer vos craintes
Vous offre ses plus doux pavots.

ISSÉ.

Qui vous interesse à ma peine?
Que je sçache du moins quel ordre vous ameine.
Quel Dieu propice est touché de mes maux.

On repete le Chœur

Belle Issé, suspendez vos plaintes,
Goûtez les charmes du repos.
Le Sommeil pour calmer vos craintes
Vous offre ses plus doux pavots.

ISSÉ.

C'en est fait; le repos va suspendre mes larmes.
En vain la douleur que je sens
Veut me défendre de ses charmes,
Le Sommeil malgré moy s'empare de mes sens.

LE SOMMEIL.

Voilà ce qu'Apollon vouloit de nôtre zéle
De l'Objet de ses vœux nous calmons les tourmens,
Et son cœur pour quelques momens
Est délivré de sa douleur mortelle.

SCENE III.

SCENE TROISIE'ME.

ISSE' endormie, HILAS.

HILAS.

Que vois-je? c'est Issé qui repose en ces lieux.
J'y venois pour plaindre ma peine.
Mais mes cris troubleroient son repos précieux;
Renfermons dans mon cœur une tristesse vaine.

Vous Ruisseaux, amoureux de cette aimable Plaine,
Coulez si lentement & murmurez si bas,
Qu'Issé ne vous entende pas.

Zéphirs, remplissez l'Air d'une fraîcheur nouvelle,
Et vous Echos, dormez comme elle.

Ciel! que d'attraits! contentez-vous mes yeux,
Parcourez tous ses charmes,
Payez-vous, s'il se peut, des larmes
Qu'on vous a vû verser pour eux.

ISSE' se reveillant.

Qu'ay-je pensé! quel songe est venu me séduire?
J'ay cru voir Apollon quitter les Cieux pour moy;
Je me trouvois sensible à l'ardeur qui l'inspire;
Un mutuel amour engageoit nôtre foy.

Hélas! cher Philemon, pour qui seul je soupire,
Ne me reprochez point ces Songes impuissans,
Mon cœur n'a point de part à l'erreur de mes sens.

HILAS.

Ciel! qu'entends-je & le puis-je croire?
Quoy! le tendre Apollon qui veut vous engager,
Ne peut à mon Rival arracher la victoire.
Quand vous charmez un Dieu vous aimez un Berger,
Et j'ay contre ma flâme & l'amour & la gloire.
C'en est trop. Il faut fuir vos funestes attraits.
Je vais traîner ailleurs une mourante vie.
L'Amour ne m'offre icy que de cruels objets.
Vos feux, mon desespoir, ma constance trahie
Cruelle, tout m'engage a ne vous voir jamais.

ISSÉ.

Que je plains les malheurs dont sa flâme est suivie!

SCENE QUATRIÉME.

ISSÉ, PAN.

PAN.

Philemon, belle Issé, souffre un sort rigoureux,
L'Oracle l'étonne & l'allarme.
Il craint qu'infidéle à ses vœux
Ce qui l'afflige ne vous charme.

ISSE'.

Où pouray-je le rencontrer?

PAN.

Dans le Hameau prochain, allez le rassurer.

SCENE CINQUIE'ME.

PAN.

TEndres Oiseaux de cette Solitude,
Renouvelez pour moy vos aimables Concerts.
Mais que cherche Doris, & quelle inquiétude
Peut la conduire en ces Deserts?

SCENE SIXIE'ME.

PAN, DORIS.

DORIS.

J'Y viens rêver à vôtre humeur volage;
Vous vous lassez bien-tôt d'être dans mes liens;
Un nouvel Objet vous engage;
Et vous cherchez déja d'autres yeux que les miens.

PAN.

Surquoy prenez-vous ces allarmes?

DORIS.

Non, je n'en doute point, vous aimez d'autres charmes.
Je vous ay vû suivre les pas
De la jeune Temire,
Si vous la trouviez sans appas
Qu'aviez-vous a luy dire?

PAN.

Je luy disois qu'un cœur jaloux
Ne sçauroit m'attendrir par une vaine crainte,
Et que pour moy l'amour n'est doux
Que lorsqu'il bannit la contrainte.

Mais vous qui vous troublez par d'injustes soucis,
Que disiez-vous au jeune Iphis?

DORIS.

Je luy disois qu'un cœur volage
Ne pourra jamais m'engager,
Et que je méprise un Berger
De qui la flâme se partage.

PAN.

Vous m'avez entendu, Doris, je vous entends.
Eh-bien, n'affectons point une constance vaine.
Nos cœurs ne sont pas faits pour une même chaine;
Choisissons d'autres fers dont ils soient plus contents.

PAN & DORIS.

Nos cœurs ne sont pas faits pour une même chaîne;
Choisissons d'autres fers dont ils soient plus contents.

PAN.

Heureuse mille fois, heureuse l'inconstance!
Le plus charmant amour
Est celuy qui commence
Et finit en un jour.
Heureuse mille fois, heureuse l'inconstance!

Mais j'apperçoy la Nymphe & Philemon s'avance.

SCENE SEPTIE'ME.

APOLLON, ISSE', PAN & DORIS.

APOLLON.

NOn, je ne puis me r'assurer;
Par vos sermens & par vos larmes
Vous tâchez vainement de bannir mes allarmes:
Non, je ne sçaurois espérer
Que vous vouliez me preferer
Au Dieu puissant qui se rend à vos charmes.

ISSE'.

Croiray-je, Ingrat, que vous m'aimez,
Si vous refusez de me croire?

APOLLON.

Les nœuds que l'Amour a formez
Vont être brisez par la Gloire.
Pardonnez mes transports jaloux;
J'ay tout à redouter puisqu'elle est ma Rivale.

ISSE'.

Je ne la connois point cette Gloire fatale,
Mon cœur ne reconnoît que vous.
Je le disois à cette Solitude;
Elle sçait mes tourmens secrets,
Que ne peut-elle, Helas! repeter mes regrets
Pour vous tirer d'inquiétude.

APOLLON.

En vain vôtre cœur s'est flatté
De mépriser pour moy la suprême Puissance;
Devant l'éclat de la Divinité
Ce cœur se trouvera plus foible qu'il ne pense.

ISSE'.

Que vos soupçons me font souffrir.
Ciel! ne puis-je vous en guérir?

Apollon, en ces lieux hâtez-vous de paroître,
Par des attraits pompeux tâchez de m'attendrir,
Ce Berger de mon cœur sera toujours le maître,
Et les vœux éclatans que vous viendrez m'offrir
Ne serviront.... Hélas! qu'ozay-je dire!
Mes transports indiscrets pressent vôtre malheur.
Ce Dieu qu'un vain amour inspire
Se vangera sur vous du refus de mon cœur.

APOLLON

Non, vôtre amour ne peut me nuire.

Apollon veut peut-être éprouver aujourd'huy
Si vôtre constance est extrême.
Peut-être il tremble au moment qu'il vous aime
Que vous ne me quittiez pour luy.

ISSE'.

Un vain espoir vous séduit & vous charme,
Et moy, je crains incessamment.
Vôtre amour espére aisément,
Et le mien aisément s'allarme;
Que nous aimons différemment.

ISSE' & APOLLON.

C'est moy qui vous aime
Le plus tendrement.
Si vous m'aimiez de même
Mon sort seroit charmant,
C'est moy qui vous aime
Le plus tendrement.

ISSE'.

Que vous payerez chérement
L'excés de ma tendresse.
Malgré moy j'y pense sans cesse,
Et je n'y puis penser sans un cruel tourment.

Plus vous êtes aimé, plus vous êtes à plaindre,
Plus je crains d'Apollon l'implacable courroux.
Dieux! vous serez l'objet de ses transports jaloux;
Je souffre tous les maux à force de les craindre;
Je croy déja vous voir expirer sous ses coups.

Un trouble affreux de mes esprits s'empare.
Ciel! où suis-je.. que vois-je.. arrêtez Dieu barbare?
Où portez-vous vôtre injuste fureur?
Epargnez mon Amant, percez plûtôt mon cœur.
C'en est fait. Je succombe à ma frayeur mortelle,
Ma mort va prévenir un coup si rigoureux....

APOLLON.

Ah! c'est trop belle Issé; vôtre cœur est fidéle,
Et nous sommes tous deux heureux.

ISSE'.

Qu'entends-je?

APOLLON.

Dans l'Objet de vôtre amour extréme
Connoissez le Dieu qui vous aime.

ISSE'.

O Ciel!

APOLLON.

Sous l'habit d'un Berger
J'ay voulu séparer mon amour de ma gloire.
Mon rang n'a pû vous forcer à changer,
Et rien ne manque à ma victoire.

ISSE'.

Quel changement! grands Dieux! le puis-je croire?

APOLLON.

N'en doutez point, les plus aimables Jeux
Vont signaler icy le bonheur de mes feux;

Et je

Et je veux que l'éclat & la magnificence
Prouvent à vos regards ma ſuprême puiſſance.

La Solitude change en un Palais magnifique.

Mortels, applaudiſſez à mes heureux ſoûpirs.
Pour prix de mes bien-faits, celébrez mes plaiſirs.

SCENE HUITIE'ME ET DERNIERE.

APOLLON, ISSE', PAN. DORIS, Troupes d'Européens, d'Européennes, de Chinois, d'Ameriquains, d'Ameriquaines, d'Egyptiens. & d'Egyptiennes.

Européens. Meſſieurs Bouteville, Germain.
Européennes. Meſdemoiſelles Carré, De Caux.
Chinois, Mrs Ferrand, Blondy, Du Moulin.
Monſieur Pecour, *ſeul.*
Ameriquains. Mrs Balon, Labbé, Piſtot.
Ameriquaines. Melles Du Fort, Le Maire, Deſmâtins.
Egyptiens. Mrs Droüen, Morelle, Guyot.
Egyptiennes. Melles De Sublıgny, Freville, & Ruelle.

LE CHOEUR.

Que tes plaiſirs ſont doux, que ta gloire eſt extrême!
Que ta félicité dure autant que toy-même.

UN EUROPE'EN & UNE EUROPE'ENNE.

Dieu charmant, puisses-tu toujours
Avoir & donner de beaux jours.

LE CHOEUR.

Que tes plaisirs sont doux, que ta gloire est extrême!
Que ta félicité dure autant que toy-même,

UN EUROPE'EN & UNE EUROPE'ENNE.

Que tout réponde à tes desirs.
Ton bonheur fera nos plaisirs

LE CHOEUR.

Que tes plaisirs sont doux, que ta peine est extrême!
Que ta félicité dure autant que toy-même.

UN EUROPE'EN.

Ah! que d'attraits suivront vôtre tendresse!
Que de plaisirs naîtront de vos amours!
Aimez sans cesse,
Tout vous en presse.
Que vos feux redoublent toujours.
Aimez sans cesse,
Tout vous en presse.
Sans amour est-il de beaux jours?

UN AMERIQUAIN.

Peut-on jamais
Braver l'Amour & sa puissance?
Peut-on jamais
Vaincre l'Amour & ses attraits?

Quels lieux un cœur peut-il chercher pour ſa défenſe?
Nous le fuyons dans les Forêts,
Il nous y ſuit avec ſes traits.
Suivons ſes vœux, dequoy nous ſert la reſiſtance?
Il ſçait porter des coups certains,
Le ſort des cœurs eſt dans ſes mains.

UNE EGYPTIENNE.

Qu'à ton Char l'Amour toujours préſide,
Ah! s'il te guide
Brillant Soleil, que ton cours ſera beau!
Puiſſe-t'il partager ta carriére;
Qu'il nous éclaire,
Et qu'à tes feux il joigne ſon flambeau.
Tant que ton ame
Suivra ſa flame,
Et que ton cœur fléchira ſous ſa loy,
Tout l'Univers aimera comme toy.

LE CHOEUR.

Que tes plaiſirs ſont doux, que ta gloire eſt extrême,
Que ta félicité dure autant que toy-même.

FIN DU TROISIE'ME ET DERNIER ACTE.

www.ingramcontent.com/pod-product-compliance
Lightning Source LLC
LaVergne TN
LVHW010004230826
846092LV00002B/632

* 9 7 8 2 3 2 9 6 7 5 6 4 0 *